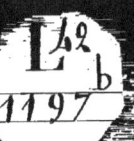

PRÉCIS
DE LA CONDUITE
DE PUISSANT,

Ordonnateur de la marine à Toulon, pendant les événemens de 1793.

CORRESPONDANCE.

Je devois faire part au ministre de mes suspicions, lui rendre compte de toutes les trames, de tous les événemens, lui proposer des vues, et provoquer ses ordres.

La représentation *intègre* de ma correspondance prouveroit que j'ai rempli ce devoir. Je la réclame.

Le peu de mes lettres inséré dans le rapport du 9 septembre 1793, quoiqu'on ait eu la mauvaise foi de les tronquer et d'en changer les dates, démontre que j'ai prévenu de tout et à temps, et que je n'ai reçu aucun ordre.

J'invoque particulièrement, comme faits capitaux à ma décharge, les demandes formelles et très-instantes que j'ai faites,

Du grade de capitaine de vaisseau pour Van Kempen, officier de réputation, (alors connu pour bon patriote) et laissé si injustement, depuis onze ans, enseigne de vaisseau ;

Et de la réintégration de Déjean, dans la place d'auditeur de la marine, dont il avoit été dépouillé par une violence contre laquelle tous les habitans de Toulon réclamoient unanimement.

L'interrogatoire des couriers que j'ai expédiés prouveroit qu'ils ont été arrêtés, détournés et fouillés vers Digne, à Aix, à Marseille..... et même à Toulon.

FAITS PRÉCISÉS.

Ier. FAIT. J'ai demandé le grade de capitaine de vaisseau, pour Van Kempen.

IIe. FAIT. Et la réintégration de Dejean dans la place de commissaire-auditeur.

IIIe. FAIT. Mes couriers ont été arrêtés et fouillés, même à Toulon.

CONDUITE.

Comptant sur un ministre patriote et juste, je devois, en attendant ses ordres,

1°. M'opposer aux usurpations d'autorité et à la révolte ;

2°. Provoquer la fidélité et l'énergie des généraux et des chefs ;

3°. *A leur refus*, tout tenter pour éclairer les patriotes, les rassembler et leur procurer des moyens ;

A

FAITS PRÉCISÉS.	Je devois enfin faire arrêter les délinquans ; mais il falloit un délit constaté et reconnu, une force à mes ordres, main-forte à la loi et un lieu sûr de détention.

Or le premier délit constaté, mais non reconnu, fut l'envoi fait au secours des marseillais, le 7 août, des détachemens tirés des vaisseaux, et les délinquans furent à-la-fois,

Dans l'armée, les trois généraux et tous les capitaines des vaisseaux armés,

Et dans l'arsenal, le général commandant, les colonels et les capitaines des troupes.

Tous agissoient sur la réquisition formelle des sections et des corps constitués, motivée sur le cri public. Quelques patriotes, même quelques capitaines de vaisseau qui avoient obéi forcément, pensoient comme moi que c'étoit un acte de révolte ; mais tout le reste, trompant ou trompé, attestoit ou croyoit qu'on alloit combattre des brigands. Encore indignés qu'on eût arrêté les fonds et les subsistances de Toulon et des armées, *des avant l'ouverture des sections, lorsque Toulon étoit fidèle et tranquille*, les marins et les habitans ne pouvoient penser que le gouvernement eût ordonné cet acte d'hostilité (1) inouïe, ni qu'il fit marcher une armée contre Marseille, sans en donner aucun avis officiel à Toulon, où il étoit arrivé depuis peu des couriers extraordinaires. |
| IVe. FAIT. Les sections s'étoient arrogé une autorité absolue dans l'arsenal.

V^e. FAIT. J'étois journellement dénoncé aux sections. | Dès le mois de juillet les sections, et sur-tout un comité de marine et de finances présidé par Coulommé, s'étoient arrogé une autorité absolue dans l'arsenal. La majeure partie des administrateurs et des maîtres leur étoient totalement dévoués. Ces individus contrarioient mes ordres, les faisoient annuler, m'espionnoient et me dénonçoient sans cesse.

Au lieu d'avoir sous mes ordres, comme auditeur de la marine, le citoyen Dejean fait vice-président du comité général, il avoit argué du silence du ministre pour s'emparer de l'autorité d'auditeur, sans reconnoitre la mienne, et les gendarmes de la marine, cessant de se croire à mes ordres, furent totalement aux siens, par dévouement et par crainte. |

---

(1) Ma lettre (ostensible), écrite en juillet, qu'on a faussement portée à la date du 23 août, jour de l'appel de l'ennemi, portoit :

« Le payeur-général vient de recevoir, par la route ordinaire, 400,000 livres;
» mais une lettre du directeur des messageries nous apprend qu'il a été emprisonné
» par ordre du représentant Albite, pour avoir laissé passer ces fonds. Les mêmes
» ordres arrêtent munitions et comestibles destinés pour l'armée navale, ainsi que
» pour les armées d'Italie et des Basses-Alpes. Ces hostilités inouïes, et dont on
» ne pourroit jamais s'imaginer que des françois puissent être les auteurs, ne
« tendent à rien moins qu'à forcer les armées de se débander, en les privant des
» munitions qui leur sont nécessaires, ainsi que des subsistances....... lorsque
» l'ennemi, supérieur en forces, nous prive des ressources de l'Italie.

» Je ne vous cacherai pas, citoyen ministre, que des démarches aussi impru-
» dentes, peuvent avoir les suites les plus fâcheuses, s'il n'y est promptement
» remédié. Elles excitent un mécontentement général ».

Et le 7 août, mes réclamations et celles des patriotes contre la révolte furent réprimées par la défense de contrarier les dispositions des sections, sous peine d'être puni militairement dans les vingt-quatre heures. Cette défense fut affichée par-tout, dans l'arsenal, à ma porte; elle me fut intimée publiquement. Je fus gardé à vue par des émissaires affidés, par mes propres gendarmes et consigné à tous les postes. L'assassinat du citoyen Depuisart, commissaire des guerres, pris pour moi la nuit, et la déclaration publique de l'assassin, impuni, que c'étoit moi qu'il croyoit frapper, parce que je voulois faire égorger les toulonnais, me firent garder sous le double prétexte de la sûreté de Toulon, vis-à-vis des révoltés, et de la mienne, vis-à-vis des patriotes (1).

J'avois cependant encore espoir dans la frégate la Perle, commandée par Van Kempen, dont l'équipage et la garnison étoient patriotes, disciplinés et de la meilleure volonté, et j'attendois avec pleine confiance l'effet de mes demandes répétées pour faire rendre justice à cet officier.

La Perle étoit en réarmement. Je la fis placer et laisser dans le canal derrière le contrôle. En l'acculant un peu, elle pouvoit, au besoin, garder la porte de l'arsenal, faciliter et proteger un coup de main, et offrir un lieu bien sûr de détention.

L'injustice révoltante faite, sans doute par erreur, à Van Kempen, l'indigna et le fit chanceler, et le 26 août il accepta le grade de capitaine de vaisseau et de pavillon du général Trogoff, qui lui fut offert par les révoltés.

Du 13 juillet au 28 août.

Je n'avois nul droit de m'opposer à l'ouverture des sections. La loi ne les défendoit pas. Elles étoient tolérées dans plusieurs départemens. J'avois rendu compte de celles des Basses-Alpes, d'Arles, de plusieurs villes du Var, sans recevoir d'ordres. Je rendis compte *(le rapport le prouve)* chaque jour de ce qui s'y passoit, tant que je le pus.

Je ne pouvois qu'applaudir à la sagesse des premières tenues et des premiers choix des sections; mais j'exposai les dangers de la permanence, et je m'élevai avec force contre l'extension d'autorité, contre l'usurpation de tous les pouvoirs, contre la révolte, dont j'exposai tous les malheurs. J'y révélai les trames, les projets des contre-révolutionnaires. On se rappellera mes vives discussions, mes exhor-

FAITS PRÉCISÉS.

VIe. FAIT. Il y eut défense de troubler l'acte souverain du peuple, sous peine d'être puni, dans les 24 heures militairement. (2)

VIIe. FAIT. Depuissart, pris pour moi la nuit, fut assassiné.

VIIIe. FAIT. L'assassin arrêté, déclara publiquement que c'étoit moi qu'il vouloit frapper, parce que je voulois faire égorger les braves toulonnais.

IXe. FAIT. Il fut mis en liberté le surlendemain.

X^e. FAIT. La frégate *la Perle* étoit derrière le contrôle.

XIe. FAIT. Je n'ai point été président de section.

XIIe. FAIT. Je n'y ai paru que rarement et forcément, ainsi qu'au comité général.

XIIIe. FAIT. Je n'y ai parlé qu'en républicain.

---

(1) Une partie des gendarmes paroissoit veiller de bonne-foi à ma sûreté, mais ceux qui, après mon arrestation, ont foulé aux pieds, publiquement dans la rue, la cocarde nationale, étoient bien vendus aux révoltés.

Des *émissaires* ou des gens *vendus* m'environnoient par-tout, dans l'arsenal, dans les bureaux, dans le secretariat, et enfin parmi mes domestiques. On a même gagné l'un des deux commis du secretariat, que j'avois été obligé de demander au ministre, qui (croyant par là m'en assurer) mangeoit et logeoit chez moi, même ayant la galle.

(2) Inséré dans le rapport du 9 septembre 1793, page 2e.

FAITS PRÉCISÉS.	
XIV.e FAIT. J'ai réclamé de vive voix, et par écrit, contre les actes des sections.	tations aux habitans et à l'armée de se défier des *malveillans*, des *agens de l'ennemi*, et en dernier lieu de recourir à l'indulgence de la convention. Je réclamai fortement, de vive voix et par écrit, contre l'usurpation des pouvoirs qui m'étoient confiés, contre la détention des représentans Baille et Beauvais. J'ai tenté tous les moyens de les faire mettre en liberté. Tous mes efforts ont été annulés par le défaut d'ordre et de réponse à leur égard, et par la prévention générale, même de la part des patriotes, qu'ils étoient auteurs du discrédit des assignats et de la détresse qu'éprouvoient le peuple et tous les individus attachés au service, par l'augmentation excessive et inconsidérée qu'ils avoient accordée aux ouvriers de l'arsenal.
XV.e FAIT. Nul ouvrier, nul individu de la marine n'a reçu de numéraire depuis le décret qui l'a défendu. XVI.e FAIT. Je n'ai contribué en rien à l'affaire de Barthélemy.	JE DÉCLARE de toute fausseté l'inculpation qui m'est faite dans le rapport du 9 septembre 1793, Que j'ai été président de section et orateur de la révolte ; Que les ouvriers ont reçu en numéraire les trois-quarts de leur paie ; Que mes intrigues ont fait couler le sang de Barthelemy. J'avois été adressé de Paris à Barthelemy ; il formoit presque ma seule société ; mais dès que la voix publique et la réclamation unanime des gendarmes, l'accusoient de crimes capitaux, j'étois incapable de le réclamer. J'AI PROVOQUÉ par toutes les instances possibles, de vive voix et par écrit, la fidélité et l'énergie des généraux, des colonels, des capitaines de vaisseaux. Ma conscience m'assure et ma conduite prouvera que j'ai fait à cet égard tout ce que j'ai pu. Ne pouvant vaincre l'irrésolution du général Chaussegros, j'étois si décidé à le forcer d'agir ou de céder le commandement de la marine au major-général Castelan, que pour, au besoin, exiger moi-même l'obéissance des gendarmes, je portai mes pistolets à deux coups dans le bureau des travaux, très-près de son cabinet dans l'arsenal L'arrestation de Castelan et de Vavasseur, une surveillance continuelle de toutes mes actions et des circonstances impossibles à prévoir, ne m'ont pas permis de rien tenter à cet égard.
XVII.e FAIT. Mes pistolets étoient dans le bureau des travaux, près du cabinet du général.	
XVIII.e FAIT. Ils ont été sortis publiquement de l'arsenal, avec ma cocarde.	On se rappelera sans doute les clameurs que j'ai su s'être élevées contre moi quand on les sortit publiquement de l'arsenal, avec ma cocarde, après mon arrestation. On saisit même pour cette publicité l'heureux moment où l'on flattoit le peuple *trompé* de me voir pendre très-incessamment. C'EST au cri de l'honeur et de la conscience de bien des patriotes dont j'ai tant provoqué le zèle, à offrir l'attestation du mien dans mes conférences et mes exhortations particulières. Mais ma lettre *ostensible* (1) du 20 juillet, *insérée au rapport de 1793*,
XIX.e FAIT. Ma lettre et ma proclamation, du 20 juillet, ont été imprimées et répandues par-tout.	

---

(1) « L'ennemi se présente en forces supérieures. Vingt-quatre vaisseaux
» espagnols croisoient sur nos côtes ; vingt-deux vaisseaux anglais ont paru,
» avant-hier, devant Toulon, et se sont tenus en panne à deux petites lieues
» au large, vis-à-vis l'ouverture de la rade, jusqu'à ce qu'un parlementaire,

et ma proclamation sur l'arrivée du parlementaire à pavillon blanc, imprimées, affichées, lues à toutes les sections et répandues par-tout; ma lettre du 23 juillet (1) sur les bonnes dispositions de l'armée à cette époque; mes proclamations fréquentes aux ouvriers et aux marins, mes réclamations publiques, dans la section, dans les ateliers, et dans l'assemblée des ouvriers, contre la révolte, sont des preuves notoires de mon zèle à *éclairer* les patriotes.

MES DISPOSITIONS pour *rassembler* les patriotes et leur offrir des *moyens*, ont dû être secrettes. L'éclat eût compromis leur vie et la mienne. Il n'y en a eu que trop jetés dans les fers pour les avoir mandés, pour les avoir désignés comme patriotes, ou pour leur avoir seulement parlé, tant j'étois espionné.

Ma ressource étoit dans les ponantois. Cazotte et Bouvet étoient les plus anciens capitaines ponantois. Je devois combiner mes mesures avec eux. Cazotte me trahissoit; Bouvet est mort.

Mais la perfidie en a toujours révélé les résultats. On a vu tout l'embarras, toute la frayeur des traîtres, toute leur fureur contre moi. D'ailleurs des faits notoires indiquent clairement mes motifs.

LA RÈGLE de la marine est que quand un vaisseau arme, on lui destine, à mesure, un équipage qui jouit d'une demi-solde. On m'a vu exiger que l'armement des vaisseaux le Triomphant, le Puissant et le Séduisant soit exécuté par des marins des vaisseaux de la rade, payés à la journée. N'étoit-ce pas pour me procurer des communications avec les équipages de la rade, ayant dès-lors des soupçons?

On a vu toutes les oppositions que j'éprouvai de la part du bureau des armemens, des capitaines et des généraux. On a vu ce bureau destiner, malgré moi, des matelots. J'annulai les rôles, je fis débarquer les hommes destinés; le bureau les y renvoya, malgré moi, parce que les capitaines vouloient choisir des *affidés*. Je fus forcé de céder, parce que Trogoff refusa des marins de la rade.

J'avois des craintes; mais, étranger et arrivant, pouvois-je penser alors, et quel est le patriote toulonnois qui eût pu croire alors que Raccord et Ferraud, deux pilotes, devenus, par la révolution, capitaines de vaisseaux, qu'on m'avoit désignés comme bons patriotes,

FAITS PRÉCISÉS.

XXe. FAIT. J'ai voulu faire exécuter à la journée, par des marins de la rade, le travail des vaisseaux en armement.

« envoyé par l'amiral Hood, fût parvenu dans la grande rade. Ce parlementaire
» s'est présenté avec pavillon blanc. C'est un indice frappant qu'on comptoit
» trouver plus de facilité..... Il a remis une demande d'échange de trois cent
» hommes. Il y a bien lieu de croire que cette demande, qui pouvoit se faire dans
» un port de commerce, n'est qu'un voile imaginé pour couvrir la trame dans le
» cas où elle ne réussiroit pas.
» Rappelez-vous, citoyen ministre, de toutes les tentatives faites pour faire
» sortir l'armée..... Si elle fût sortie, elle eût été entre deux feux, ou bien les
» anglais, au moyen des intelligences des *mal-intentionnés*, eussent profité de
» son absence pour entrer dans la rade. C'est une vérité que toute l'armée
» reconnoît aujourd'hui ».

(1) Soyez sûr, citoyen ministre, que jamais la marine et le département du
War, ne furent mieux disposés à combattre l'ennemi.

FAITS PRÉCISÉS.

qui en portèrent le masque jusqu'au 26 août ; à qui le commandement du Triomphant et du Puissant donnoient toute autorité dans l'arsenal, qui m'entouroient sans cesse et pénétroient presque toutes mes vues, étoient des *agens payés par les anglais*, et les ennemis les plus acharnés de la république.

Lorsque le ministre prescrivit d'être en garde contre les incendiaires, étoit-ce sans dessein que je m'empressai tant de requérir d'augmenter la garde de l'arsenal d'un piquet de dix hommes tirés de chaque vaisseau de la rade ; qu'au refus je proposai d'y suppléer par des ouvriers, et enfin par des gardes nationales ? J'appercevois dans les troupes de marine tant d'étrangers suspects et tant de gens vendus aux factieux, que je n'y avois nulle confiance.

XXIe. FAIT. J'ai provoqué des réunions d'officiers.

Étoit-ce sans motifs que j'ai tant de fois provoqué, sous le prétextes du parlementaire, du discrédit des assignats, du traitement de siege, etc. des tenues de conseils, la réunion des lieutenans, puis des enseignes de vaisseau, celle des officiers des troupes, puis des sous-officiers ?

Pourquoi, n'ayant pu réussir, fis-je prévenir sous main les enseignes de vaisseau de s'assembler pour avoir du numéraire ?

Des patriotes bretons provoquèrent avec célérité une assemblée dans l'arsenal ; mais le malheur, ou la perfidie en fit rendre plusieurs au café du Champ-de-Bataille où s'arrêtèrent les arrivans, au lieu d'aller directement dans l'arsenal. On se rappelera l'alarme que causa cette réunion subite, dont on prévit les suites, et les efforts qu'on fit pour les empêcher d'entrer dans l'arsenal et les disperser avant mon arrivée. On se rappelera aussi que pour m'empêcher de les joindre réunis, quatre d'entr'eux, *vendus aux factieux*, vinrent à ma rencontre, se disant députés, et me ramenèrent dans mon cabinet où ils tirèrent le sabre contre moi, voulant me forcer à leur faire donner du numéraire.

XXIIe. FAIT. J'ai fait payer les marins de la rade, individuellement, à la fin de chaque journée.

XXIIIe. FAIT. Je n'ai rien négligé pour forcer les ouvriers à venir à l'ouvrage.

Étoit-ce sans dessein que j'ai fait payer individuellement, à la fin de chaque journée, en ma présence, les marins de la rade qui venoient travailler dans l'arsenal ?

Du 20 juillet au 10 août j'ai tenté en vain, sous tous les prétextes possibles, d'en obtenir. J'ai également essayé en vain tous les moyens d'engager, d'obliger les ouvriers de l'arsenal de venir à l'ouvrage. Les 14 et 15 août je fis insinuer sous main aux ouvriers que s'ils venoient à l'ouvrage ils auroient du numéraire. Il en vint environ un tiers le 16 août ; je les engageai à députer à-la-fois aux huit sections pour avoir du numéraire, et en cas de refus, à m'envoyer sur-le-champ tous les députés pour me sommer de leur en donner : je les assurai qu'ils en auroient. J'étois en effet décidé à tout tenter, s'ils eussent suivi mon conseil. J'étois sûr qu'une portion des équipages de l'arsenal et des troupes se fût jointe à eux. J'avois d'ailleurs pris quelques mesures, et la célérité m'eût servi ; mais les *agens des factieux* les en détournèrent, et pendant deux jours ils ne vinrent point à l'ouvrage.

Le 27 août, les factieux apprirent l'approche des armées républicaines, et que les détachemens, *détrompés*, revenoient pour rentrer dans leurs vaisseaux ; ils virent clairement que tous les yeux alloient s'ouvrir.

Leurs affidés étant trop foibles pour contenir les patriotes, ils se décidèrent à s'aider des gardes nationales des environs, *dévoués* ou *trompés* ; et pour avoir un prétexte plausible de les appeler, ils firent insinuer aux ouvriers de sonner une assemblée ; ils en réglèrent d'avance tous les résultats ; ils l'ébruitèrent et la présentèrent au peuple et à l'armée, comme une insurrection et comme un massacre prémédités.

La nuit du 18 au 19 août, il arriva quatre à cinq mille hommes, dont la majeure partie fut tenue le lendemain en armes, avec ordre de foncer, au premier mot, sur les insurgens.

Le 19 août, dès le point du jour, les armes de l'arsenal sont gardées, les postes sont doublés dans la ville et dans l'arsenal, et il est fait défense expresse de prendre les armes, sans être commandé.

Vers les huit heures, les ouvriers arrivent en foule dans l'arsenal, forment une assemblée, et choisissent pour président le général Chaussegros, commandant.

Ayant en vain tenté de les ramener à ma proposition, de députer aux sections, je me rends à l'assemblée, et je me décide sur-le-champ à tirer parti de ce rassemblement, soit pour une conciliation, soit pour un coup de main.

J'invite Trogoff, général de l'armée, le major Castelan, Van Kempen ; et divers officiers patriotes, à venir à l'arsenal, et j'y mande tous les administrateurs.

Voyant venir Trogoff avec Van Kempen, j'engage les ouvriers à le bien accueillir, et je leur en motive toute l'importance. En effet, rien n'étoit plus heureux : il savoit qu'il y avoit assemblée de patriotes, et il y venoit. Une fois dans le sein des patriotes, s'il eût été reçu avec les égards dus, si on m'eût donné le temps de m'expliquer, il eût bien fallu que bon gré ou malgré eux, Chaussegros et lui, eussent donné et transmis à l'armée tous les ordres nécessaires, sur ma réquisition appuyée par l'assemblée, et, au besoin, par la force ; rien n'eût pu prévenir ni empêcher l'effet d'une mesure aussi prompte.

Trogoff est mal reçu, et lorsqu'il répond au président, qui lui a exposé les motifs de l'assemblée, et qui l'a prié de se joindre à elle, il est interrompu par des réclamations, vraies au fond, mais aigres et suivies d'injures. C'est en vain que le président et moi voulons en imposer aux motionnaires qui se multiplient ; enfin, l'on menace et l'on foule avec si peu de ménagement ce général, qu'il sort avec Van Kempen de la salle et de l'arsenal, si promptement, que je n'ai aucun moyen de le retenir.

Tant que les ouvriers agirent d'eux-mêmes, tous les discours, toutes les motions furent très-sages, exemple tracé par le cit. Vavasseur, chef de l'artillerie, qui prouva tout son dévouement à la patrie. Mais il survint une foule d'étrangers et d'*émissaires*, envoyés pour

FAITS PRÉCISÉS.

XXIVᵉ. Fait.

XXVᵉ. Fait.

XXVIᵉ. Fait.

XXVIIᵉ. Fait. Je me rendis à l'assemblée, et je n'épargnai rien pour en tirer un parti utile.

XXVIIIᵉ. Fait. Le général Trogoff y vint avec Van Kempen.

XXIXᵉ. Fait. Il y fut insulté et se retira subitement.

FAITS PRÉCISÉS.

troubler l'ordre : ils exaltèrent quelques patriotes ardens, qui ont manqué de payer de leur vie un faux zèle ; et à peine les factieux eurent-ils appris la venue de Trogoff, qui leur causa la plus vive inquiétude, qu'ils envoyèrent de nouveaux agens pour le faire forcer à se retirer.

Le mal fut sans remède : car bientôt la salle fut presque vuide. On ne (1) laissa venir dans l'arsenal aucun des officiers ni des administrateurs que j'attendois. Je ne pus ni décider Chaussegros par mes exhortations, ni le forcer d'agir.

Le seul officier qui entra dans l'arsenal, fut le capitaine du *Dugay-Trouin*, Coosmao. N'osant l'entretenir, crainte de le compromettre, je le priai seulement de m'envoyer un canot, espérant pouvoir aller à son bord, ce qui me fut impossible.

XXXe. FAIT. Le capitaine Cosmar fut le seul officier qui vint dans l'arsenal.
XXXIe. FAIT. Je lui demandai un canot, qu'il m'envoya.
XXXIIe. FAIT. Les citoyens Castelan et Vavasseur furent arrêtés.

Les citoyens Castelan et Vavasseur, qui étoient ma principale ressource, furent jettés dans les fers ; il me fut fait défense de faire sonner la cloche de l'arsenal, d'appeler les ouvriers à l'ouvrage, et à eux de s'y rendre jusqu'à nouvel ordre, sous peine d'être punis comme coupables d'attroupement. Cette défense, affichée à la porte de l'arsenal et à la mienne, me fut intimée publiquement. Un piquet de garde nationale garda extérieurement la porte de l'arsenal, et toute communication avec la rade fut défendue.

XXXIIIe. FAIT. On m'intima la défense d'appeler les ouvriers à l'ouvrage.
XXXIVe. FAIT. La porte de l'arsenal fut gardée extérieurement par un piquet de garde nationale.
XXXVe. FAIT. Toute communication avec la rade fut défendue.

L'éloignement et ensuite l'abandon de plusieurs officiers qui m'avoient paru patriotes, la perfidie de Cazotte, Raccord et Ferraud, et la vigilance de ma garde, me mirent, du 20 au 28 août, hors d'état de rien entreprendre.

Du 28 août au 22 septembre.

L'ENNEMI étant maître de Toulon, je devois, suivant la loi de marine, sauver tout ce qui pouvoit l'être, expédier pour France tous des républicains, et ne me retirer que le dernier, lorsqu'il n'y auroit plus d'espoir ; le tout sous peine de mort.

J'avois fait serment de ne point quitter mon poste, et j'étois incapable de l'abandonner ; d'ailleurs, j'avois encore quelque espérance de tout sauver.

D'une part, les traîtres sembloient être tous démasqués. Plus de sept mille ponantois, désespérés de la trahison, beaucoup de levantois et de toulonnais qui n'avoient cédé qu'à l'erreur et à la crainte, et qui étoient détrompés et indignés, paroissoient disposés à tout entreprendre. Les sept-huitièmes des équipages des six vaisseaux qui restoient armés dans la rade, et de dix mille gardes nationaux en armes dans la ville et dans les forts n'étoient que trompés et intimidés.

De l'autre part, les anglais et les espagnols n'avoient en rade que huit vaisseaux. La force totale en troupes, tirée des deux flottes, étoit d'abord de trois mille hommes, puis quelques jours après d'environ

―――――――

(1) Tous les individus porteurs de mes invitations et de mes ordres, et même de ceux du général Chaussegros, furent arrêtés en sortant de l'arsenal, et conduits au comité général. Ils furent désignés par Raccord et les autres agens qui m'environnoient et qui ne me perdoient pas de vue dans cette journée.

cinq mille hommes disséminés dans la ville et dans les forts, dont ils partageoient la garde avec les révoltés.

Les vaisseaux ennemis n'avoient plus de garnison, ils débarquèrent plus de trois mille malades; il restoit à peine trois cent cinquante hommes dans chaque vaisseau.

Enfin ayant, dès le 7 août, saisi tous les prétextes de démunir les forts de la Malgue et des Tours, et ne leur ayant fait délivrer que les besoins journaliers, j'étois bien sûr qu'ils étoient dépourvus, même d'eau.

Si les yeux se fussent ouverts............ s'il fût venu un mot d'indulgence............ si............ l'ennemi ne pouvoit-il pas être forcé à la retraite ?

ÉTOIT-CE pour moi le moment de fuir ? Mon devoir étoit de tout disposer pour un coup de main, de tout braver pour *rassembler*, pour *exciter* et offrir des moyens.

L'arrivée prochaine des armées républicaines fixoit tous les yeux sur les forts du côté de la terre : j'en profitai pour persuader d'appliquer à leur service presque tous les moyens de la marine et pour faire donner ordre de n'envoyer aux forts du côté de la mer que l'exact nécessaire, ce qui laissa ceux-ci dans l'état de dénuement où je les tenois depuis le 17 août. On peut se rappeler les plaintes des commandans, sur-tout de M. Aguyon, et l'obligation où l'on fut le 12 septembre d'y destiner des forçats, particulièrement pour l'eau, dont ils manquoient.

JE PARVINS à décider le comité chargé du cazernement à loger la troupe espagnole dans deux vieux vaisseaux placés vis-à-vis la municipalité, communiquant au quai par des ras-d'eau et pouvant être isolés au milieu de la darse *(ou du port)* par le rappel des amarres du large, en coupant ou filant celles du quai. J'allai moi-même faire disposer et roidir les amarres.

Et à placer la troupe anglaise dans les premier et second étages de la maison de la marine, isolée au milieu du champ de bataille, dominée par la corderie et découverte par les six rues qui aboutissent à cette place. Je réservai tout le rez-de-chaussée pour le service des vivres, je fis même condamner par un magasin à biscuit le second escalier pour ne laisser qu'une seule issue.

Les officiers des deux troupes furent logés et dispersés dans la ville.

JE DEMANDAI que les républicains fussent expédiés par mer. Je réclamai à cet effet six vaisseaux qui d'abord furent accordés et désignés ; mais on n'en donna que quatre avec quelques autres bâtimens.

Pour *rassembler* et *exciter*, je voulus passer moi-même les revues des équipages et expédier le décompte (1) individuel de chaque ma-

___

(1) Après l'entrée de l'ennemi, j'ai continué de dater de l'ère républicaine, et je n'ai signé de pièces que sous cette date, à moins que je ne l'ai ajoutée avant ma signature. On en a présenté la preuve lors de la prise de Toulon, et il s'en trouvera d'autres preuves.

Mais on sentira que je n'ai pu empêcher des administrateurs de substituer le

---

FAITS PRÉCISÉS.

XXXVIe. FAIT. La troupe espagnole étoit casernée dans deux vieux vaisseaux.

XXXVIIe. FAIT. La troupe anglaise étoit logée dans la maison de la marine, au champ de bataille.

XXXVIIIe. FAIT. Le rez-de-chaussée étoit réservé pour les vivres.

XXXIXe. FAIT. Les officiers logeoient dans la ville.

XLe. FAIT. Je voulus passer des revues des équipages de tous les vaisseaux.

FAITS PRÉCISÉS.	
XLIe. FAIT.	Je voulus expédier des décomptes individuels aux républicains.
XLIIe. FAIT.	Je fis payer des à-comptes.
XLIIIe. FAIT.	Et même des parts de prises dans l'arsenal.

rin. Et ne connoissant d'administrateur de confiance au bureau des armemens, pour seconder mes vues, que le citoyen Gauthier, ponantais, je fis passer au bureau le sous-chef Rouault, dont j'étois aussi bien sûr.

Quelqu'épuisée que fût la caisse, je parvins à faire payer des à-comptes de solde.

J'entrepris même de faire payer, dans l'arsenal, les parts de prises, (*objet d'environ 800 mille livres*).

Et pendant ce paiement j'augmentois la quantité d'armes de l'arsenal, y faisant porter celles en dépôt à la municipalité, et j'avois beaucoup d'ouvriers occupés à monter des lames de sabres.

XLIVe. FAIT.	Les quatre vaisseaux français furent mouillés très-près des deux vaisseaux amiraux ennemis.

Enfin je proposai à tout événement, et j'obtins que les quatre vaisseaux transportant cinq mille républicains, fussent mouillés le plus près possible des deux vaisseaux amiraux ennemis qui n'avoient pas trois cents hommes effectifs chacun à bord, beaucoup de leurs matelots étant détachés sur les batteries flottantes et pour travailler à cette redoute qui a été enlevée si glorieusement par l'armée républicaine.

Il est impossible qu'on ne se rappelle pas,

XLVe. FAIT.	L'alarme et le mouvement de toutes les troupes la nuit du 12 au 13 septembre;
XLVIe. FAIT.	Les bans battus de tous côtés dès le matin pour que tous les républicains se rendent sur-le-champ à bord, à peine d'être réputés prisonniers de guerre;
XLVIIe. FAIT.	Les détachemens anglais envoyés dans l'arsenal pour garder les armes et la grille des vivres;
XLVIIIe. FAIT.	La défense faite aux républicains de descendre à terre;
XLIXe. FAIT.	Enfin, l'ordre donné aux quatre vaisseaux républicains d'appareiller, sinon qu'ils seroient canonnés.

Par-tout la perfidie me trahit et la force m'arrêta.

Le. FAIT.	Je fus de toute part dénoncé au comité général, au tribunal populaire, aux gouverneurs, sur-tout par les bureaux des armemens, des chantiers et ateliers, et des vivres;
LIe. FAIT.	Le 14 septembre au soir, je fus conduit et détenu à bord du vaisseau *la Princesse royale*.
LIIe. FAIT.	Ma maison fut investie par des soldats anglais; on s'empara de mes papiers.
	Toute communication au-dehors fut interceptée, avec tant de dureté, que ma famille manqua du nécessaire, même de pain.
LIIIe. FAIT.	Coulommé fut fait ordonnateur.
LIVe. FAIT.	Une femme qui m'apportoit des lettres de l'armée républicaine, fut pendue.
LVe. FAIT.	Mon supplice fut annoncé et attendu de jour à autre.
LVIe. FAIT.	Je fus redemandé pour être jugé, c'est-à-dire, *exécuté*.

---

date royaliste, ni de la porter sur des décomptes (ou passe-ports) d'armemens que j'avois signé d'avance en blanc. Il est d'usage suivi et inévitable, dans les ports, que ces passe-ports sont des blancs seings, signés et remis en masse, par l'ordonnateur, au bureau des armemens, qui en est garant.

PRÉCIS DE MA CONDUITE,

Du 22 septembre 1793 au 30 novembre 1795 (vieux style).

Au lieu de me livrer, l'amiral Goodall dont j'étois le prisonnier, me fit transférer le 22 septembre, à onze heures du soir, sur le *Tisiphone*, déjà sous voiles, qui, au moment où je mis le pied à bord, appareilla pour Gibraltar, où j'ai resté prisonnier de guerre pour raisons d'état, du 5 octobre 1793 au 24 septembre 1795.	LVIIe. FAIT. Je fus transféré à Gibraltar, où j'ai été détenu prisonnier de guerre, pour raisons d'état.
Le 30 novembre ma femme et ma fille vinrent partager ma captivité.	LVIIIe. FAIT.
Le 24 septembre 1795 j'ai été transféré à Bishopwatham, où j'ai été échangé.	LIXe. FAIT.
J'ai pendant toute ma détention chez l'ennemi été soumis à la même police et touché le même prêt que les autres prisonniers de guerre.	LXe. FAIT.
Par-tout ma conduite a été celle d'un républicain.	LXIe. FAIT.
Il a été rendu des comptes officiels de ma détention.	LXIIe. FAIT.
En mars 1794, les capitaines Vincent et Nicolas de Martigues et de Marseille, partant pour France, je leur remis ma déclaration portant demande d'être réclamé et jugé.	LXIIIe. FAIT.
A mon arrivée et pendant mon séjour en Angleterre, j'ai, par toutes les occasions, adressé une pareille déclaration au ministre, et circulairement à plusieurs députés, à diverses municipalités et à divers citoyens, les priant de l'appuyer.	LXIVe. FAIT.
Le 1er. décembre ou 11 frimaire an 4, j'abordai à Cherbourg où je fus reconnu et reçu comme prisonnier de guerre échangé.	LXVe. FAIT.
Je présentai à l'administration municipale et aux chefs de la marine, j'adressai au ministre et j'envoyai circulairement ma déclaration portant demande d'être jugé, appelant à me confondre, ou à me disculper, tous les témoins de ma conduite.	LXVIe. et dernier FAIT.

Mes enfans réitérèrent cet appel par une circulaire du 5 pluviôse, adressée et répandue dans tous les ports.

J'ai attendu dans un silence respectueux les ordres du gouvernement. Le 2 vendémiaire j'ai été traduit au tribunal de la Manche comme prévenu d'émigration.

> *Nota.* Ce résumé n'a pour objet que de préciser les faits. Il existe et s'est offert par loyauté à Brest, Lorient, Port-Malo, Cherbourg, Dunkerque, le Havre, Rochefort et Toulon, plus de témoins qu'il n'en faut pour constater authentiquement, soit d'après leur connoissance personnelle, soit d'après la notoriété et la persuasion publique, tous les faits avancés à l'appui de ma conduite à Toulon.

A Coutances, le 1er. Nivôse, l'an 5e. de la République française, une et indivisible.

PUISSANT.

PÉTITION *adressée par le citoyen* PUISSANT, *au Ministre de la Justice, en lui présentant le mémoire ci-dessus.*

CITOYEN MINISTRE,

PUISSANT vous supplie de jeter un regard sur cet exposé.

Ayant été vingt-six mois prisonnier de guerre, je suis venu demander des juges, invoquant l'article 455 du code pénal, les articles 20 et 238 de la constitution. Et pour accélérer, j'ai averti publiquement, de mon retour, dix mille citoyens qui ont pu voir ma conduite, en les appelant tous à me confondre ou à me disculper. Je vous ai exposé que beaucoup ont offert de concourir à ma justification, que plusieurs m'ont adressé des déclarations, et que j'attendois, dans un silence respectueux, l'instant si désiré de les appeler tous légalement.

Traduit ici comme prévenu d'émigration, et mon interrogatoire s'étant borné à la simple émigration, écartant tout ce qui a trait à l'affaire de Toulon, j'ai cru n'avoir à prouver que la non-émigration, et qu'ensuite je serois jugé selon la constitution et le code pénal.

Mais d'après la notoriété publique de mon enlèvement et de ma détention par l'ennemi, je n'ai été et ne puis être inscrit sur aucune liste d'émigrés. C'est donc comme impliqué dans l'affaire de Toulon, qu'on m'assujétit à la loi du 20 fructidor, dont j'ignorois l'existence. Alors la nature de l'accusation change, et rien ne m'en a prévenu. Ce silence funeste me prive des attestations essentielles à ma décharge, qui m'ont été offertes, et que j'aurois recueillies.

D'un autre côté, ayant su, dès pluviôse dernier, qu'il avoit été pris à Toulon, par vos ordres, des éclaircissemens sur ma conduite, je présumois que vous en aviez fait prendre également dans les autres ports, et j'apprends avec douleur qu'il n'y en a point été pris.

Vous ignorez sans doute, citoyen ministre, qu'on n'a pu trouver à Toulon qu'une foible partie des lumières qu'on peut recueillir sur ma conduite. Il y réside très-peu des témoins de l'entrée de l'ennemi, qui aient eu avec moi des relations personnelles de service et de société, tandis qu'il s'en trouve beaucoup parmi sept à huit mille ponantais, que j'expédiai pour leurs ports respectifs.

D'ailleurs, malgré le zèle et l'équité des commissaires que vous avez chargés d'informer à Toulon, n'ayant eu aucune base, ils n'ont pu prendre sur ma conduite que des éclaircissemens insuffisans pour la bien juger.

Le rapport qui a provoqué contre moi le décret du 9 septembre 1793, offre (page 20,) la preuve publique qu'il y avoit défense, sous peine de mort, de troubler l'acte souverain des sections de Toulon. Mon devoir étoit de braver cette défense ; mais je ne devois pas compromettre inconsidérément le succès de mes mesures, la vie des patriotes et la mienne. Mes mesures ont donc dû être secrettes, comme elles l'ont été en présence de l'ennemi, lorsque j'ai tenté, sous ses yeux, tous les moyens de le faire forcer à la retraite. A-t-on pu bien apprécier ma conduite dans des circonstances aussi critiques, sans bien connoître mes vues à l'application des faits qui en ont été les résultats? Et comment pourroit-on les connoitre, si je ne les présente pas ?

Peut-on penser que le général Trogoff, qui favorisoit et servoit les factieux, fût venu de lui-même à l'assemblée des ouvriers de l'arsenal, dans le sein des patriotes alors occupés des moyens de faire cesser la révolte? Quel autre que moi a provoqué sa venue et celle de Van Kempen? Pouvois-je avoir d'autre motif que de le décider ou de le forcer à réprimer les révoltés? mais ai-je pu le dire ?

Croira-t-on que ce soit de leur propre et seul mouvement que les révoltés, qui étoient si empressés d'avoir des troupes étrangères pour leur sûreté, ont combiné leur casernement de manière à les rendre nulles, si les républicains eussent tenté un coup de main? qu'ils ont même provoqué ce coup de main par un transport d'armes, et par le paiement des parts de prises dans l'arsenal? Ai-je pu me déclarer tout haut l'auteur de ces dispositions ? Tous ceux qui ont reçu et vu payer les parts de prises, ont-ils pénétré mes vues? N'en est est-il pas même qui m'aient blâmé du zèle que j'affectois, en concourant à ces dispositions, croyant que je servois les révoltés ?

Privé de toutes les voies légales de justification et de sûreté que la constitution assure à tout citoyen accusé, et sur-tout des débats, j'espérois qu'au moins il me seroit accordé la faculté d'indiquer les faits justificatifs de ma conduite. J'en provoque, depuis un an, l'ordre ou la permission.

Persuadé que l'intention du directoire et la vôtre, citoyen ministre, ne sont pas qu'il soit prononcé sur l'honneur et la vie d'un citoyen, à qui vingt-sept années d'une administration pure et utile, et quatre d'un civisme prononcé avoient acquis l'estime générale, sans qu'il soit entendu d'aucune manière quelconque, j'ose vous présenter un précis de ces faits, dont je vous supplie de permettre l'impression et la publicité.

Je réclame de votre équité, d'ordonner circulairement la vérification de ces faits, dans les ports de Brest, Port-Malo, Cherbourg, le Hâvre, Dunkerque, l'Orient, Rochefort, où se trouve la majeure partie des témoins qui les ont le mieux connus; et même à Toulon, vu l'insuffisance des premières informations.

Au Hâvre, à l'Orient et Rochefort, sont les citoyens Guiolot, *aspirant;* Vengeance, Mermier, Monnereau, canonniers; Chataux, *timonier,* et autres, qui se sont sacrifiés pour avoir le fort de la Malgue, pour exhorter les équipages.

A Port-Malo est le sous-commissaire Rouault-la-Hautière, qui étoit chef du secrétariat à Toulon.

A Dunkerque est le sous-commissaire Gaultier-Laferrière, zélé patriote, et qui l'a prouvé. Il servoit à Toulon, au bureau des armemens.

A Brest, Cherbourg, etc., sont les capitaines de vaisseau Cosmao, Duchene, Boubenec; les lieutenants, Puzin, Guyomard, Petit; les enseignes, Bouvet, Ermisse, Mancel, Lézinguant; les administrateurs Ozanne, Legoff, Diétrich, Jacques, Blavier, Panaget; les officiers de santé Fouzet, Rivaux, Révérant, Reimond; et autres officiers, administrateurs, aspirans, militaires, marins, dont j'ai oublié les noms et non le zèle.

A Toulon, sont les citoyens Vavasseur, Castelan, Leclerc, Mege, Guigne et autres, victimes de leur dévouement à la patrie; Oletta, Gaudin, Ménard, etc.; les maitres cordiers, les membres du comité central, plusieurs ouvriers et gardiens, plusieurs commissaires, plusieurs pertuisanniers, qui tous ont prouvé leur civisme, même en présence de l'ennemi.

C'est sur-tout parmi ces républicains de tous les ports, qui ont resté à leur poste, qui n'ont cédé qu'à la perfidie et à la force, qui ont mérité les éloges de la convention et de toute la France, que vous aurez à cœur, citoyen ministre, et que je vous supplie de chercher des témoignages déterminans. Les opprimés retenus dans les fers ou à bord des vaisseaux, ne peuvent déposer sur plusieurs faits que d'après ce qu'ils ont appris de la notoriété et de la persuasion publique *des patriotes*. Mais soyez sûr que leur bouche rendra, dans toute sa pureté, le *cri public* des républicains à Toulon. Ce *cri* fera ma sûreté, ma gloire et la consolation de mes malheurs. Ils savent tous que le plus grand moyen des factieux contre moi (étranger et arrivant), a été de chercher à me rendre suspect aux deux partis, en prévenant contre moi (étranger et arrivant), tous ceux qui ne me connoissoient pas, afin de m'ôter les moyens de réunir la confiance du peuple, des ouvriers de l'arsenal et de l'armée.

A Cherbourg, le 1er. nivôse an 5 de la République, une et indivisible.

PUISSANT.

Pétition circulaire aux Chefs civils et militaires, et aux Administrations municipales de tous les ports.

CITOYENS,

La loi concernant les émigrés n'admettant point d'information judiciaire, et m'étant accordé un délai pour recueillir la notoriété publique sur les faits à ma décharge, j'invoque près de vous l'article VII de la déclaration des droits.

Comme chefs et magistrats, je vous supplie, aux titres d'équité naturelle et d'humanité impérative,

D'ordonner officieusement ou permettre l'affiche de la circulaire ci-jointe;

De la faire répandre à vos administrés et à vos subordonnés ;

D'inviter et requérir officieusement ceux qui ont su par eux-mêmes, ou qui ont appris sur les lieux par oui-dire, d'après la persuasion publique, un ou plusieurs des faits désignés, et ceux qui auroient à m'inculper ou à contester ces faits, d'en donner, dans l'un ou l'autre cas, leur déclaration devant notaires ;

De rappeler, sur-tout à ceux qui étoient en 1793 à Toulon, où j'étois trop en évidence pour que mes actes et ma conduite ne fussent pas connus par l'opinion publique, que je les appelle publiquement, depuis un an, à me convaincre ou à me disculper, et qu'on ne peut, en pareil cas, garder le silence sans manquer à l'honneur et aux devoirs du citoyen, dès qu'il n'y a plus lieu à un appel judiciaire.

Je supplie l'administration municipale d'adresser officieusement deux expéditions qui lui seront remises de ces déclarations, l'une pour l'administration centrale du Var, l'autre pour le tribunal criminel de la Manche.

A Coutances, le 1er. Nivôse, an 5e. de la République, une indivisible.

Signé, PUISSANT.

Lettre écrite par Puissant, *le 12 frimaire, an 5, aux Officiers militaires et civils, Marins, etc. qui étoient à Toulon en 1793, ou prisonniers de guerre avec lui à Gibraltar ou à Bishop Watham.*

Aussitôt que j'ai pu briser les fers de l'ennemi, je suis venu provoquer ma mise en jugement. Je vous ai tous appelés en témoignage.

Depuis onze mois que le gouvernement prend des informations, personne n'a déposé contre moi, il m'a au contraire été adressé de tous les ports des déclarations favorables.

Si j'eusse été ou paru être coupable, j'aurois été poursuivi rigoureusement...... Au lieu d'être mis en jugement, d'avoir la faculté de me justifier par vos attestations, je suis traduit au tribunal criminel de la Manche comme prévenu d'émigration.

La loi contre les émigrés n'admet point de jury. C'est de l'évidence des cinq faits suivans que va dépendre mon existence.

1er. J'ai été enlevé de force de mon poste par les Anglais (le 14 septembre 1793) et détenu leur prisonnier à bord d'un vaisseau (*la Princesse royale*).

2e. On s'est emparé de mes papiers et de ma maison, qui a été investie et gardée par des soldats anglais.

3e. J'ai été transféré et détenu de force à Gibraltar, et là sujet à la même police que les prisonniers de guerre.

4e. J'ai été de là transféré et détenu de force à Bishop Watham, où j'ai été soumis à la même police que les prisonniers de guerre et échangé avec eux.

5e. Rien dans ma conduite, mes discours, mes liaisons, ne m'a fait connoître pour émigré ou voulant émigrer, ni pour ennemi de la république.

Ceux d'entre vous, citoyens, qui ont eu pleine connoissance par eux-mêmes, ou par notoriété publique, de ces cinq faits, sont invités, au nom de l'honneur et de la justice, d'en donner le plutôt possible l'attestation par-devant notaire.

Salut et fraternité.

PUISSANT.

A PARIS, de l'Imprimerie de G.-F. GALLETTI, rue Honoré, n°. 1499, vis-à-vis le ci-devant hôtel de Noailles.

www.ingramcontent.com/pod-product-compliance
Lightning Source LLC
Chambersburg PA
CBHW060450050426
42451CB00014B/3252